Impressum
Verlag: BABADADA GmbH, Nedderfeld 112 , 22529 Hamburg
Geschäftsführer / Verlagsleitung: Harald Hof
Druck: Books on Demand GmbH, In de Tarpen 42, 22848 Norderstedt

Imprint
Publisher: BABADADA GmbH, Nedderfeld 112 , 22529 Hamburg, Germany
Managing Director / Publishing direction: Harald Hof
Print: Books on Demand GmbH, In de Tarpen 42, 22848 Norderstedt

škola
koulu

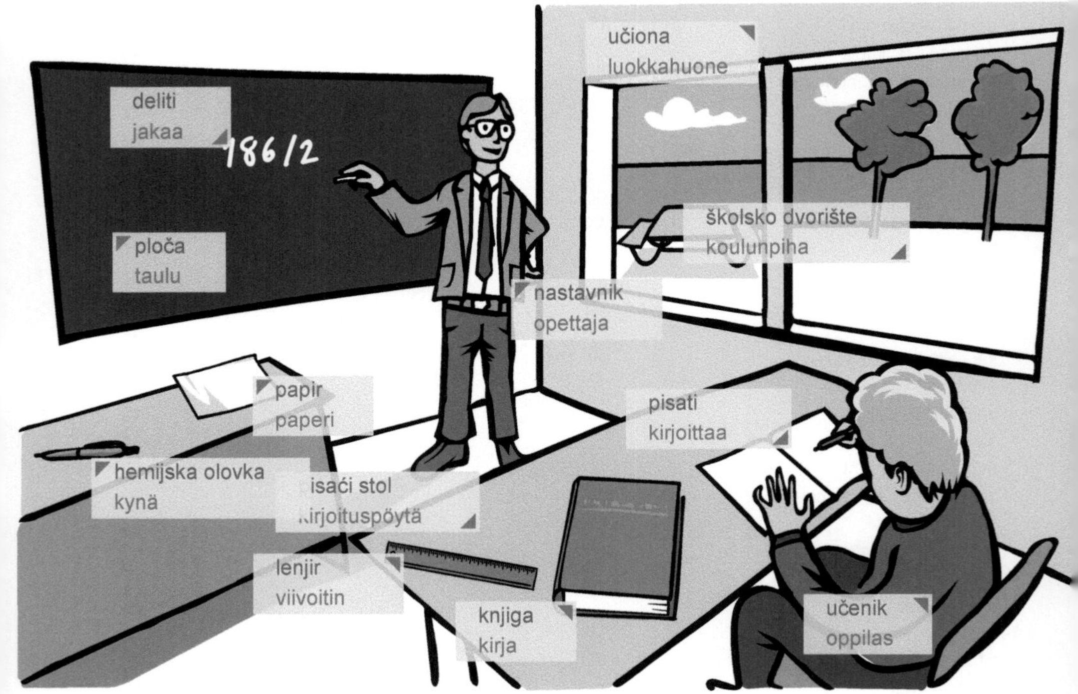

učiona
luokkahuone
deliti
jakaa
186/2
ploča
taulu
školsko dvorište
koulunpiha
nastavnik
opettaja
papir
paperi
pisati
kirjoittaa
hemijska olovka
kynä
isaći stol
irjoituspöytä
lenjir
viivoitin
knjiga
kirja
učenik
oppilas

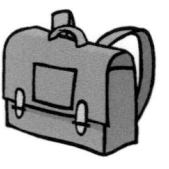

torba

reppu

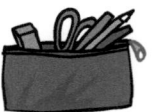

pernica

penaali

grafitna olovka

lyijykynä

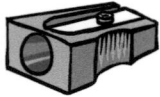

šiljilo za olovke

kynänteroitin

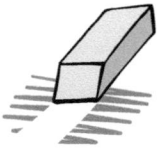

gumica za brisanje

pyyhekumi

blok za crtanje

piirustuslehtiö

crtež

piirustus

kist

pensseli

kutija sa bojama

vesivärit

makaze

sakset

lepilo

liima

beležnica

harjoituskirja

domaći zadatak

kotitehtävä

broj

luku

sabirati

lisätä

oduzimati

vähentää

množiti

kertoa

računati

laskea

slovo

kirjain

abeceda

aakkoset

reč

sana

tekst
....
teksti

čitati
....
lukea

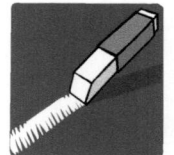

kreda
....
liitu

čas
....
oppitunti

dnevnik
....
opettajan muistikirja

ispit
....
koe

svedočanstvo
....
todistus

školska uniforma
....
koulupuku

obrazovanje
....
koulutus

leksikon
....
sanakirja

univerzitet
....
yliopisto

mikroskop
....
mikroskooppi

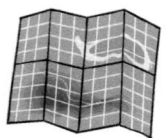

karta
....
kartta

košara za papir
....
roskakori

putovanje
matka

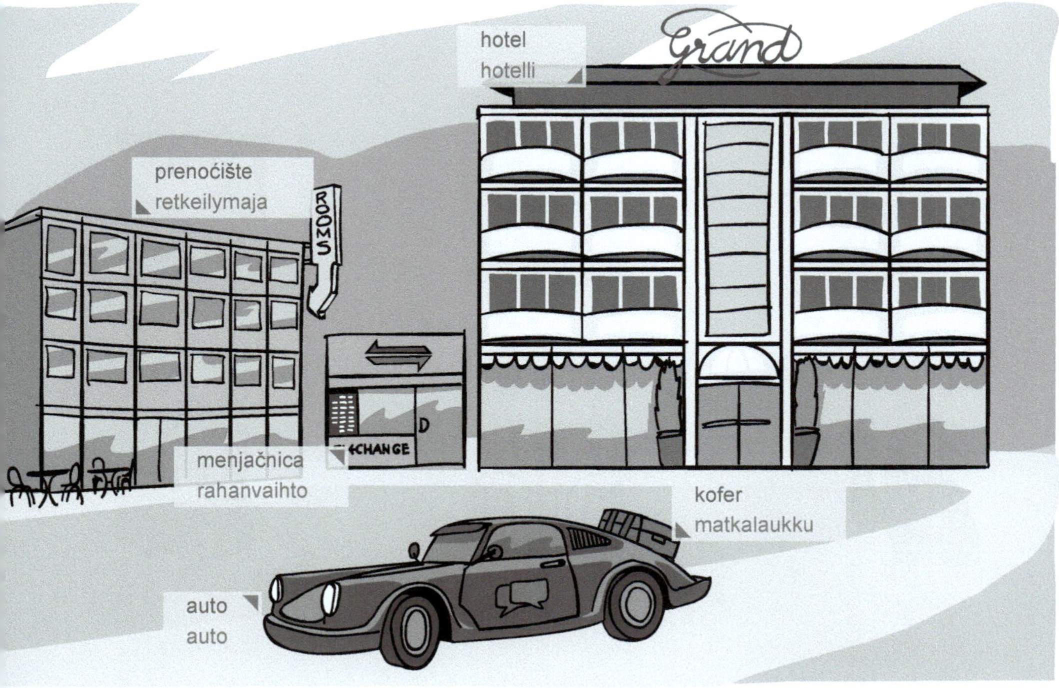
hotel
hotelli
Grand
prenoćište
retkeilymaja
ROOMS
EXCHANGE
menjačnica
rahanvaihto
kofer
matkalaukku
auto
auto

jezik

kieli

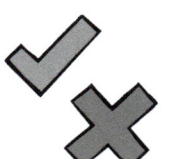

da / ne

kyllä / ei

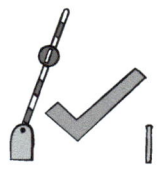

okej

selvä

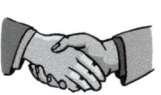

zdravo

hei

prevodilac

tulkki

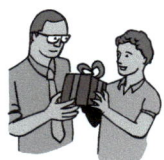

hvala

kiitos

Koliko košta...?

Paljonko...maksaa?

ne razumem

en ymmärrä

problem

ongelma

dobro veče!

Hyvää iltaa!

Dobro jutro!

Hyvää huomenta!

Laku noć!

Hyvää yötä!

doviđenja

näkemiin

smer

suunta

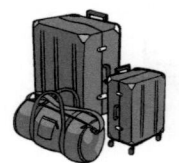

prtljaga

matkatavarat

torba

laukku

ruksak

reppu

gost

vieras

soba

huone

vreća za spavanje

makuupussi

šator

teltta

turističke informacije

turisti-info

plaža

ranta

kreditna kartica

luottokortti

doručak

aamupala

ručak

lounas

večera

päivällinen

karta za vožnju

matkalippu

lift

hissi

poštanska markica

postimerkki

granica

raja

carina

tulli

ambasada

suurlähetystö

viza

viisumi

pasoš

passi

transport
kuljetus

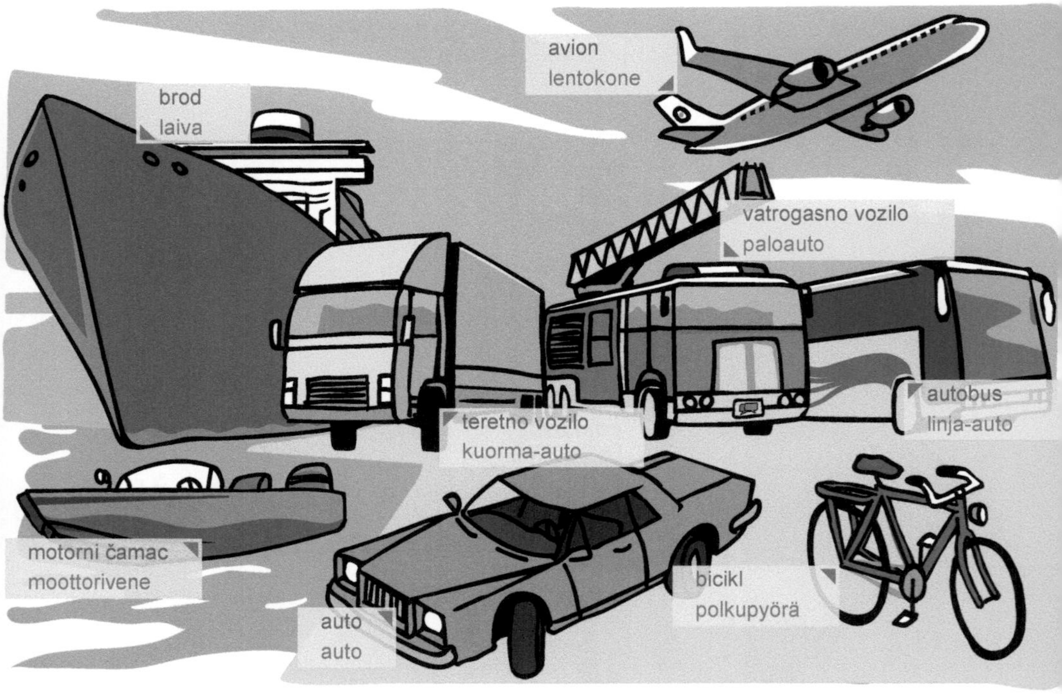
avion
lentokone
brod
laiva
vatrogasno vozilo
paloauto
autobus
linja-auto
teretno vozilo
kuorma-auto
motorni čamac
moottorivene
bicikl
polkupyörä
auto
auto

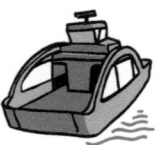

trajekt

lautta

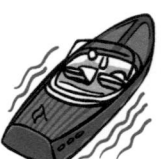

čamac

vene

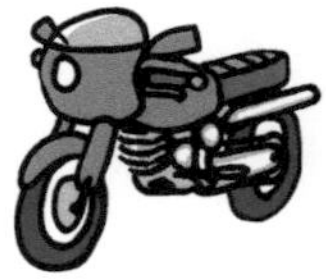

motocikl

moottoripyörä

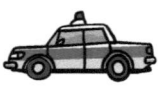

policijski auto

poliisiauto

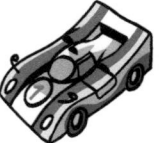

trkaći auto

kilpa-auto

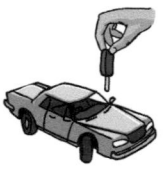

iznajmljeno auto

vuokra-auto

delenje automobila

car sharing

vučno vozilo

hinausauto

vozilo za odvoz smeća

roska-auto

motor

moottori

benzin

polttoaine

benzinska stanica

huoltoasema

saobraćajni znak

liikennemerkki

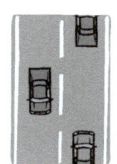

saobraćaj

liikenne

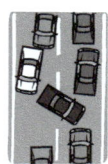

zastoj

ruuhka

parkiralište

parkkipaikka

željeznička stanica

rautatieasema

šine

raiteet

voz

juna

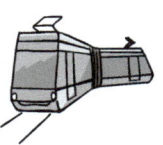

tramvaj

raitiovaunu

vagon

vaunu

helikopter

helikopteri

aerodrom

lentokenttä

kula

lähilennonjohto

putnik

matkustaja

kontejner

kontti

karton

pahvilaatikko

kolica

kärryt

korpa

kori

uzleteti / sleteti

nousta / laskea

grad
kaupunki

selo

kylä

centar grada

keskusta

kuća

talo

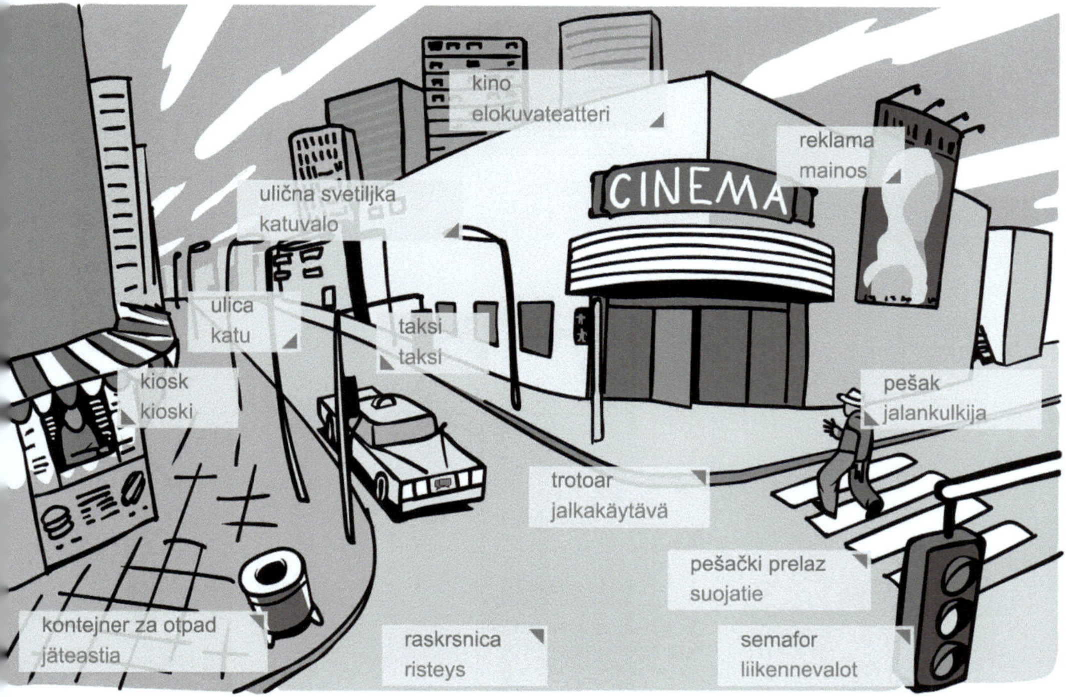

kino
elokuvateatteri

reklama
mainos

ulična svetiljka
katuvalo

CINEMA

ulica
katu

taksi
taksi

kiosk
kioski

pešak
jalankulkija

trotoar
jalkakäytävä

pešački prelaz
suojatie

kontejner za otpad
jäteastia

raskrsnica
risteys

semafor
liikennevalot

koliba

mökki

stan

kerrostalo

železnička stanica

rautatieasema

većnica

kaupungintalo

muzej

museo

škola

koulu

univerzitet

yliopisto

banka

pankki

bolnica

sairaala

hotel

hotelli

apoteka

apteekki

kancelarija

toimisto

knjižara

kirjakauppa

prodavnica

liike

cvećara

kukkakauppa

supermarket

supermarketti

trg

tori

robna kuća

tavaratalo

ribarnica

kalakauppias

trgovački centar

ostoskeskus

luka

satama

park
puisto

klupa
penkki

most
silta

stepenice
portaat

podzemna železnica
metro

tunel
tunneli

autobuska stanica
linja-autopysäkki

bar
baari

restoran
ravintola

poštansko sanduče
postilaatikko

ulični znak
katukyltti

parkirni automat
parkkimittari

zoološki vrt
eläintarha

bazen
uimala

džamija
moskeija

seosko gazdinstvo
maatila

zagađenje okoline
ympäristön saastuminen

groblje
hautausmaa

crkva
kirkko

igralište
leikkikenttä

hram
temppeli

pejsaž

maisema

list
lehti

putokaz
tienviitta

put
tie

livada
niitty

kamen
kivi

šetač
retkeilijä

drvo
puu

reka
joki

trava
ruoho

cvijet
kukka

dolina

laakso

planina

vuori

jezero

järvi

šuma

metsä

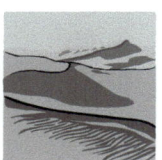

pustinja

aavikko

vulkan

tulivuori

dvorac

linna

duga

sateenkaari

gljiva

sieni

palma

palmu

moskito

hyttynen

muva

kärpänen

mrav

muurahainen

pčela

mehiläinen

pauk

hämähäkki

buba

kovakuoriainen

žaba

sammakko

veverica

orava

jež

siili

zec

jänis

sova

pöllö

ptica

lintu

labud

joutsen

divlja svinja

villisika

jelen

peura

los

hirvi

nasip

pato

vetrenjača

tuulimylly

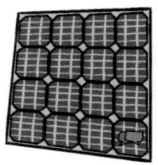

solarna ploča

aurinkopaneeli

klima

ilmasto

restoran
ravintola

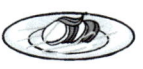

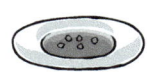

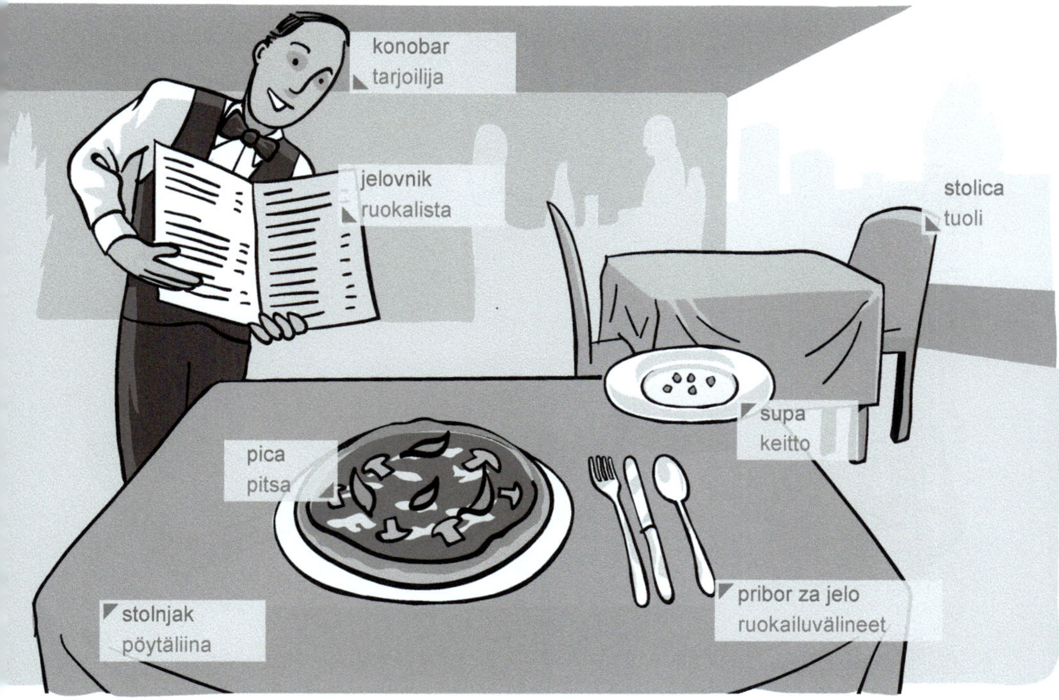
konobar
tarjoilija
jelovnik
ruokalista
stolica
tuoli
supa
keitto
pica
pitsa
pribor za jelo
ruokailuvälineet
stolnjak
pöytäliina

predjelo

alkuruoka

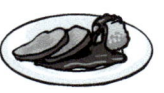

glavno jelo

pääruoka

desert

jälkiruoka

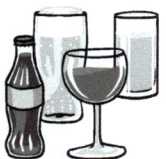

napitci

juomat

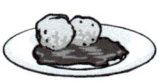

jelo

ruoka

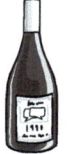

flaša

pullo

brza hrana
pikaruoka

imbis hrana
katuruoka

čajnik
teekannu

doza za šećer
sokeriastia

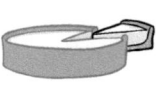

porcija
annos

aparat za espresso
espressokeitin

visoka stolica
syöttötuoli

račun
lasku

poslužavnik
tarjotin

nož
veitsi

viljuška
haarukka

kašika
lusikka

čajna kašika
teelusikka

salveta
servietti

čaša
lasi

tanjir

lautanen

tanjir za supu

syvä lautanen

tanjirić

aluslautanen

sos

kastike

soljenka

suolasirotin

mlin za biber

pippurimylly

sirće

etikka

ulje

öljy

začini

mausteet

kečap

ketsuppi

senf

sinappi

majoneza

majoneesi

supermarket
supermarketti

ponuda
tarjous
FOR
kupac
asiakas
mlečni proizvodi
maitotuotteet
voće
hedelmät
kolica za kupovinu
ostoskärryt

BUTCHERS

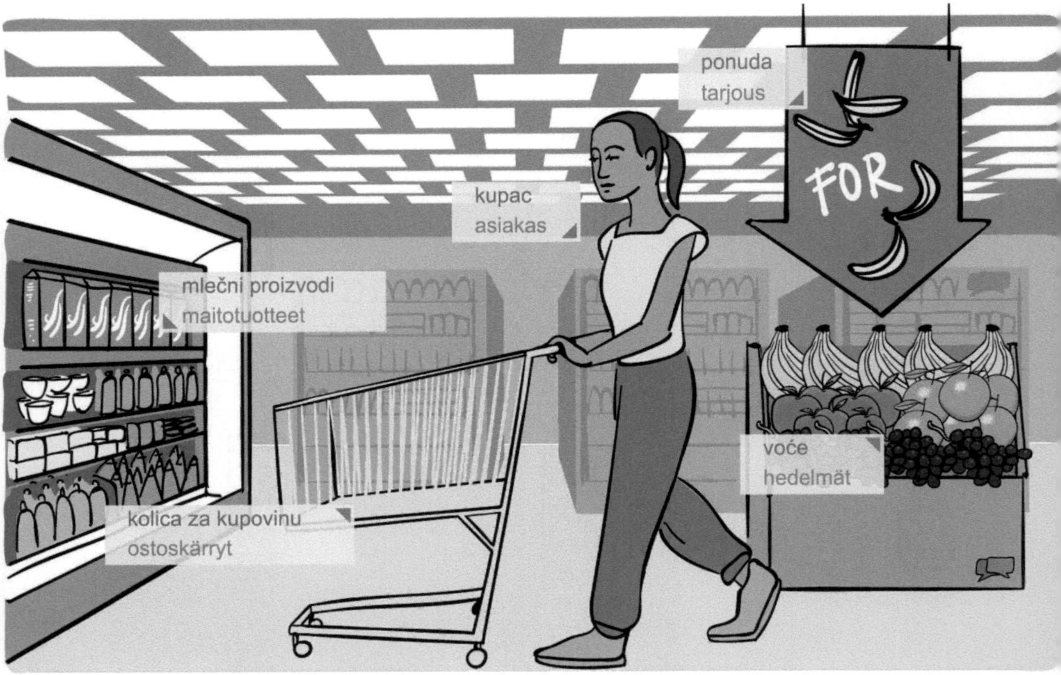

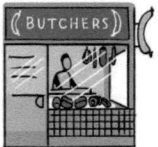

mesnica

teurastamo

BAKERY

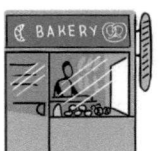

pekara

leipomo

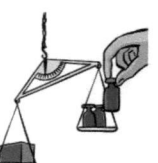

vagati

punnita

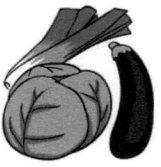

povrće

kasvikset

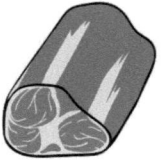

meso

liha

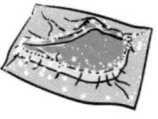

smrznuta hrana

pakasteet

narezak

leikkele

konzerve

säilykkeet

sredstvo za pranje

pesujauhe

slatkiši

makeiset

artikli za domaćinstvo

kotitaloustarvikkeet

sredstva za čišćenje

puhdistusaineet

prodavačica

myyjä

blagajna

kassa

blagajnik

kassanhoitaja

lista za kupovinu

ostoslista

vreme rada

aukioloajat

novčanik

lompakko

kreditna kartica

luottokortti

torba

kassi

plastična kesa

muovipussi

voda

vesi

sok

mehu

mleko

maito

kola

kokis

vino

viini

pivo

olut

alkohol

alkoholi

kakao

kaakao

čaj

tee

kava

kahvi

espresso

espresso

cappuccino

cappuccino

banana

banaani

jabuka

omena

narandža

appelsiini

lubenica

meloni

limun

sitruuna

šargarepa

porkkana

beli luk

valkosipuli

bambus

bambu

luk

sipuli

gljiva

sieni

orašasti plodovi

pähkinät

rezanci

spagetti

špagete

spagetti

riža

riisi

salata

salaatti

pomfrit

ranskalaiset

pečeni krumpir

paistetut perunat

pica

pitsa

hamburger

hampurilainen

sendvič

voileipä

šnicla

leike

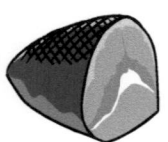

šunka

kinkku

salama

salami

kobasica

makkara

kokoš

kana

pečenje

paisti

riba

kala

zobene pahuljice

kaurahiutaleet

musli

mysli

kukuruzne pahuljice

murot

brašno

jauho

kroasan

voisarvi

pecivo

sämpylä

hleb

leipä

toast

paahtoleipä

keksi

keksit

maslac

voi

sveži sir

rahka

kolač

kakku

jaje

kananmuna

jaje na oko

paistettu kananmuna

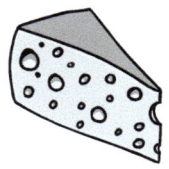

sir

juusto

sladoled

jäätelö

šećer

sokeri

med

hunaja

marmelada

hillo

nugat krema

suklaapähkinälevite

kari

curry

seosko gazdinstvo
maatila

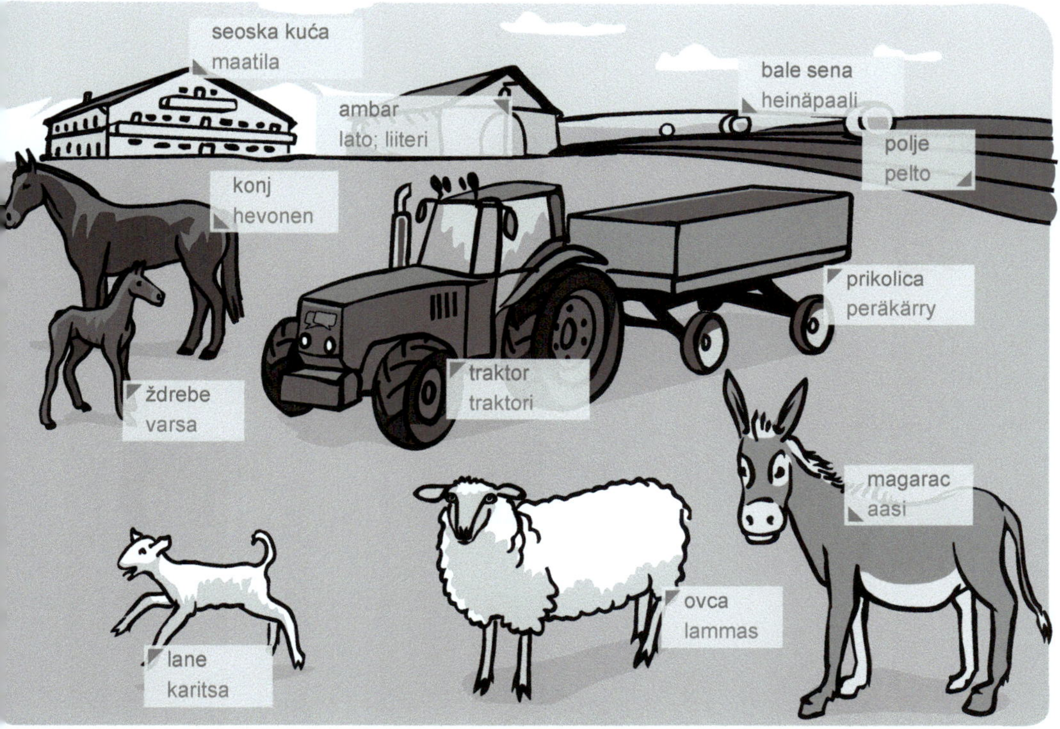
seoska kuća
maatila
ambar
lato; liiteri
bale sena
heinäpaali
polje
pelto
konj
hevonen
prikolica
peräkärry
traktor
traktori
ždrebe
varsa
magarac
aasi
ovca
lammas
lane
karitsa

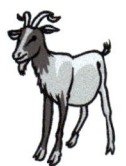

koza

vuohi

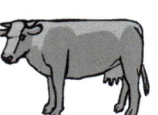

krava

lehmä

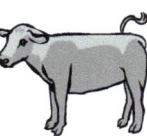

tele

vasikka

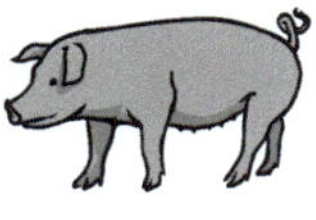

svinja

sika

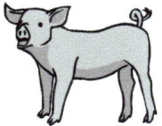

prase

porsas

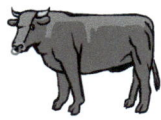

bik

sonni

guska

hanhi

patka

ankka

pilići

tipu

kokoš

kana

petao

kukko

pacov

rotta

mačka

kissa

miš

hiiri

vol

härkä

pas

koira

kućica za psa

koirankoppi

vrtno crevo

puutarhaletku

kanta za polivanje

kastelukannu

kosa

viikate

plug

aura

srp
sirppi

motika
kuokka

viljuška za đubrivo
talikko

sekira
kirves

tačke
kottikärryt

korito
kaukalo

posuda za mleko
maitokannu

vreća
säkki

ograda
aita

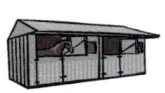

štala
talli

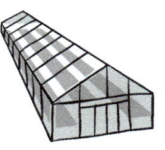

staklenik
kasvihuone

zemlja
maa

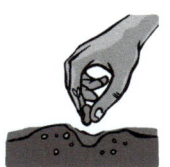

seme
siemen

đubrivo
lannoite

kombajn
leikkuupuimuri

žeti
kerätä sato

žetva
sato

jams začin
jamssit

pšenica
vehnä

soja
soija

krumpir
peruna

kukuruz
maissi

uljana repica
rypsi

voćka
hedelmäpuu

gomolj manioke
maniokki

žitarice
vilja

kuća
talo

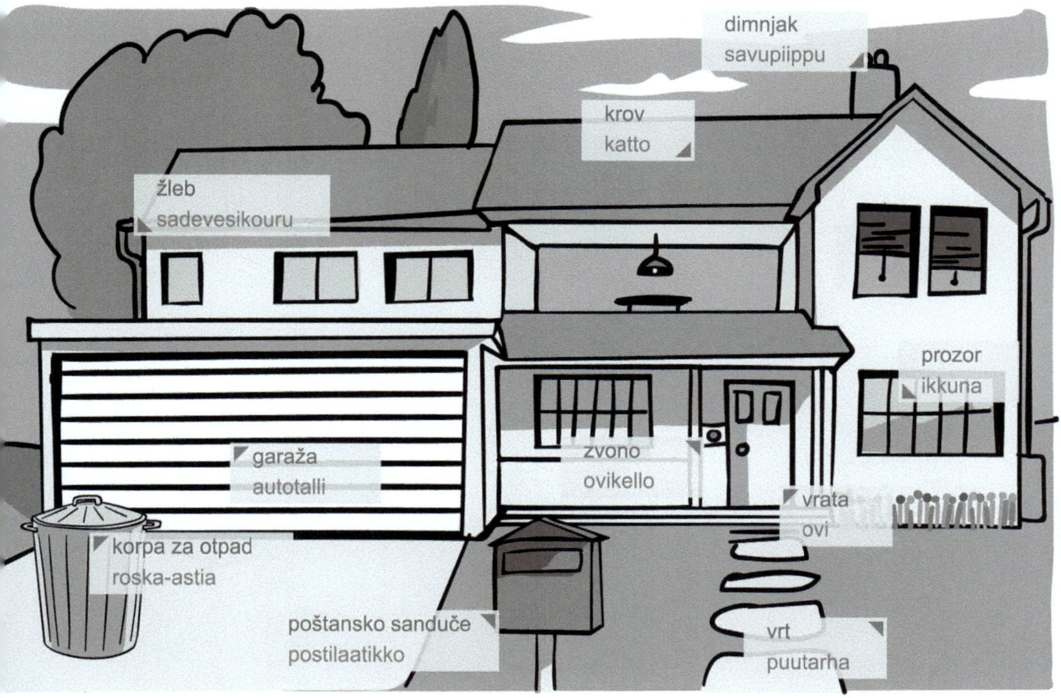
dimnjak
savupiippu
krov
katto
žleb
sadevesikouru
prozor
ikkuna
garaža
autotalli
zvono
ovikello
vrata
ovi
korpa za otpad
roska-astia
poštansko sanduče
postilaatikko
vrt
puutarha

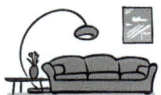

dnevna soba

olohuone

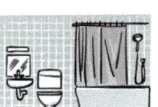

kupaonica

kylpyhuone

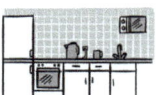

kuhinja

keittiö

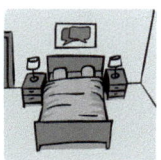

spavaća soba

makuuhuone

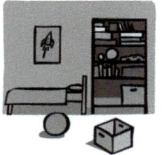

dečija soba

lastenhuone

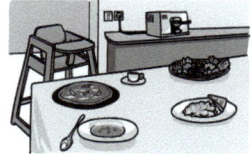

trpezarija

ruokahuone

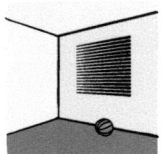

pod
lattia

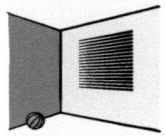

zid
seinä

strop
katto

podrum
kellari

sauna
sauna

balkon
parveke

terasa
terassi

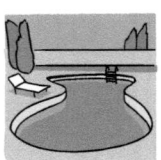

bazen
uima-allas

kosilica za travu
ruohonleikkuri

posteljina za krevet
lakana

deka za krevet
päiväpeitto

krevet
sänky

metla
harja

kanta
ämpäri

prekidač
katkaisin

dnevna soba
olohuone

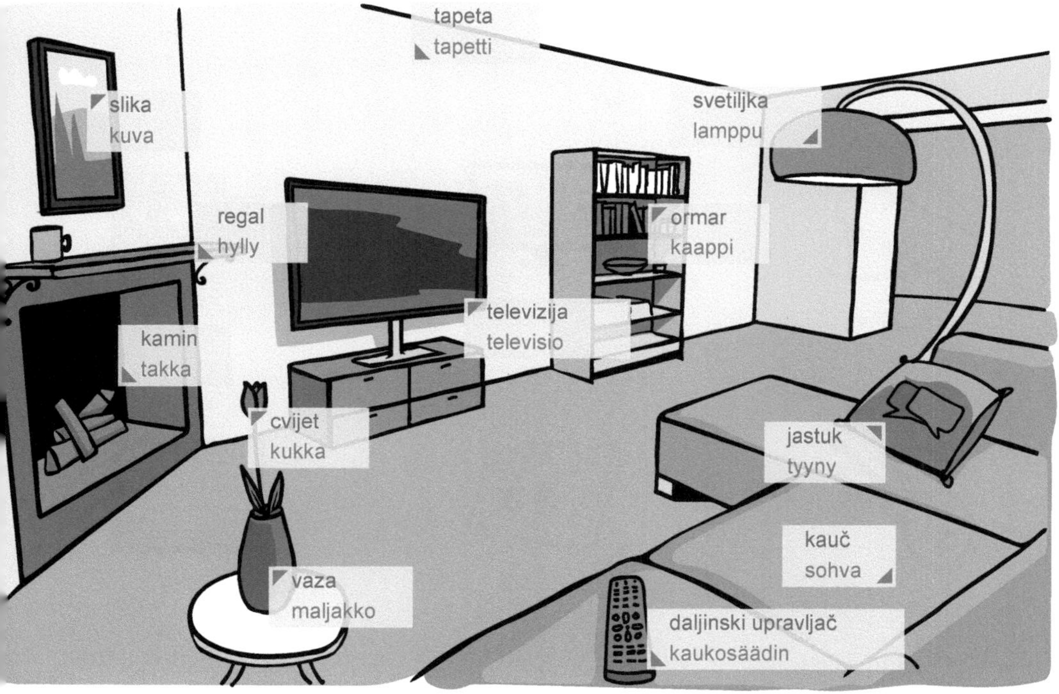

tapeta
tapetti
slika
kuva
svetiljka
lamppu
regal
hylly
ormar
kaappi
televizija
televisio
kamin
takka
cvijet
kukka
jastuk
tyyny
kauč
sohva
vaza
maljakko
daljinski upravljač
kaukosäädin

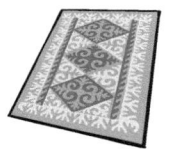

tepih
matto

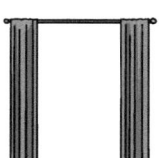

zavesa
verho

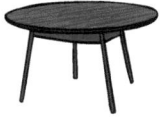

sto
pöytä

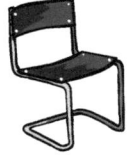

stolica
tuoli

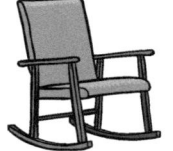

stolica za njihanje
keinutuoli

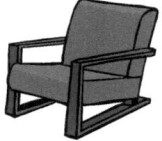

fotelja
nojatuoli

knjiga

kirja

deka

peitto

dekoracija

koriste

drvo za ogrev

polttopuut

film

elokuva

hi-fi uređaj

stereot

ključ

avain

novine

sanomalehti

slika na platnu

maalaus

poster

juliste

radio

radio

blok za pisanje

muistivihko

usisivač

pölynimuri

kaktus

kaktus

sveća

kynttilä

kuhinja
keittiö

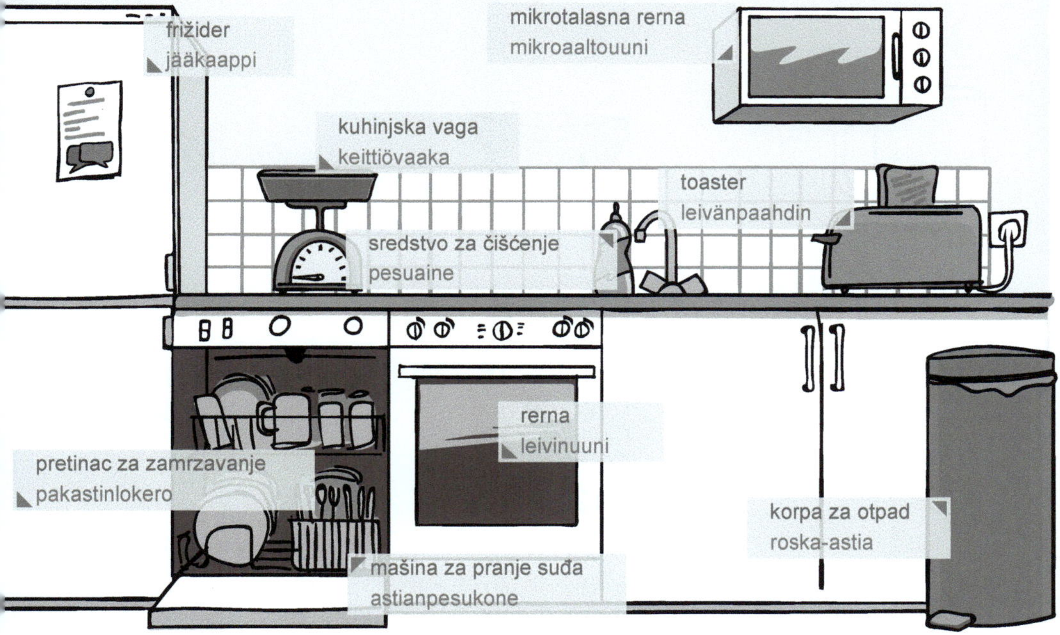
frižider
jääkaappi
mikrotalasna rerna
mikroaaltouuni
kuhinjska vaga
keittiövaaka
toaster
leivänpaahdin
sredstvo za čišćenje
pesuaine
rerna
leivinuuni
pretinac za zamrzavanje
pakastinlokero
korpa za otpad
roska-astia
mašina za pranje suđa
astianpesukone

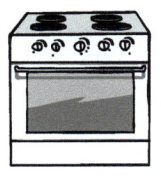

šporet

liesi

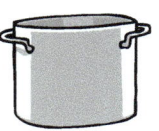

lonac

kattila

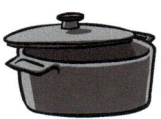

gvozdeni lonac

rautapata

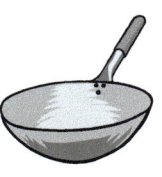

wok / kadai

vokkipannu / kadai-pannu

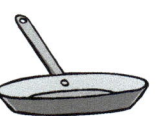

tava

paistinpannu

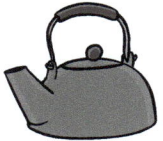

kuvalo za vodu

teepannu

kuvalo na paru
höyrykeitin

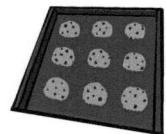

lim za pečenje
uunipelti

posuđe
astiat

čaša
muki

posuda
kulho

štapići za jelo
syömäpuikot

kutlača
kauha

lopatica
paistinlasta

penjača
vispilä

sito za kuvanje
siivilä

sito
siivilä

ribež
raastin

mužar
mortteli

roštilj
grilli

ognjište
avotuli

daska

leikkuulauta

oklagija

kaulin

vadičep

korkinavaaja

konzerva

purkki

otvarač konzervi

purkinavaaja

krpa za lonac

pannulappu

sudoper

lavuaari

četka

tiskiharja

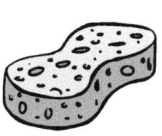

sunđer

pesusieni

mikser

tehosekoitin

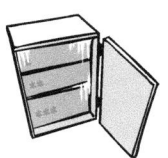

zamrzivač

pakastin

flašica za bebe

tuttipullo

slavina za vodu

vesihana

kupaonica
kylpyhuone

grejanje
lämmitys
peškir
pyyhe
tuš
suihku
zavesa za tuš
suihkuverho
penušava kupka
vaahtokylpy
kada
kylpyamme
čaša
lasi
mašina za pranje veša
pesukone
slavina za vodu
vesihana
pločice
kaakelit
tuta
potta
sudoper
lavuaari

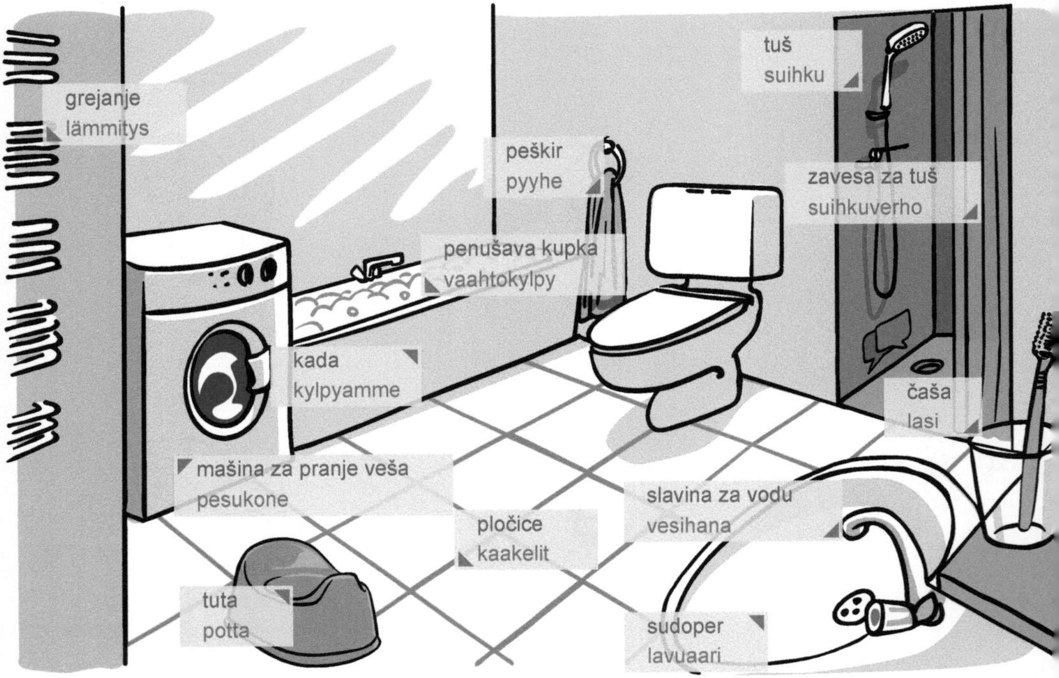

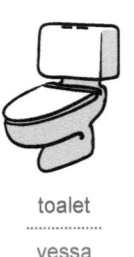

toalet
vessa

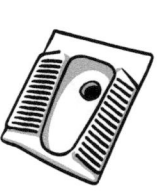

čučavac
kyykkyvessa

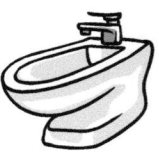

bidet
bidee

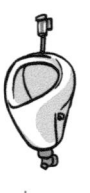

pisoar
pisuaari

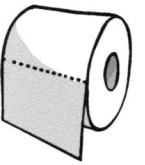

toaletni papir
vessapaperi

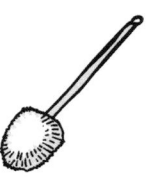

četka za toalet
vessaharja

četkica za zube

hammasharja

pasta za zube

hammastahna

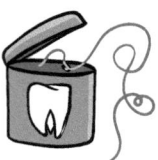

konac za zube

hammaslanka

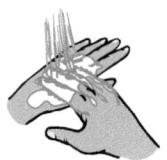

prati

pestä

tuš ručica

käsisuihku

tuš za pranje intimnih delova

intiimisuihku

lavor

pesuvati

četka za pranje leđa

selkäharja

sapun

saippua

gel za tuširanje

suihkugeeli

šampon

shampoo

krpa za pranje

pesulappu

odvod

viemäri

krema

voide

dezodorans

deodorantti

ogledalo

peili

kozmetičko ogledalo

käsipeili

brijač

partaveitsi

pena za brijanje

partavaahto

losion za posle brijanja

partavesi

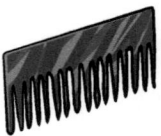

češalj

kampa

četka

harja

fen za kosu

hiustenkuivaaja

sprej za kosu

hiuslakka

makeup

meikki

ruž za usne

huulipuna

lak za nokte

kynsilakka

vata

pumpuli

makaze za nokte

kynsisakset

parfem

hajuvesi

kozmetička torbica

kosmetiikkalaukku

stolica

jakkara

vaga

vaaka

ogrtač

kylpytakki

rukavice za čišćenje

kumihansikkaat

tampon

tamponi

uložak

terveysside

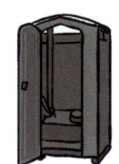

hemijski toalet

kemiallinen wc

dečija soba
lastenhuone

budilnik
herätyskello
plišana igračka
pehmolelu
auto igračka
leikkiauto
zvečka
helistin
kućica za lutke
nukkekoti
poklon
lahja

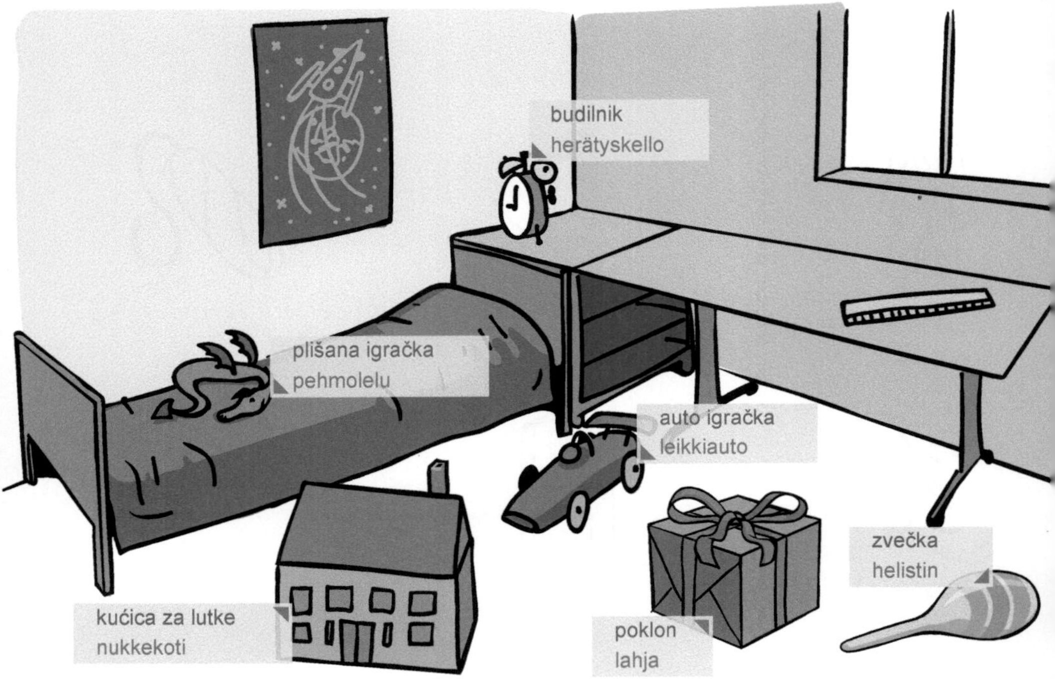

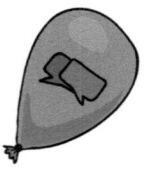

balon
ilmapallo

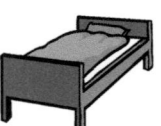

krevet
sänky

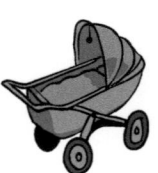

dječija kolica
lastenvaunut

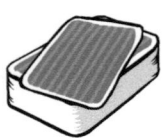

igra s kartama
korttipeli

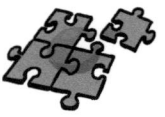

slagalica
palapeli

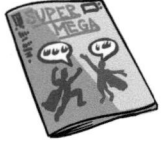

strip
sarjakuva

lego kockice

legopalikat

kockice za slaganje

rakennuspalikat

akcioni junak

supersankari

benkica za bebe

potkupuku

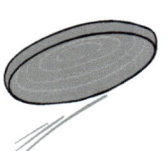

frizbi

frisbee

viseće igračke

mobile

društvene igre

lautapeli

kocka

noppa

minijaturna željeznica

pienoisjunarata

duda

tutti

zabava

juhlat

slikovnica

kuvakirja

lopta

pallo

lutka

nukke

igrati

leikkiä

pješčanik

hiekkalaatikko

ljuljačka

keinu

igračka

lelut

konzola za igre

pelikonsoli

tricikl

kolmipyörä

tedi

nalle

ormar

vaatekaappi

odeća

vaatteet

kratke čarape

sukat

čarape

nylonsukat

hulahopke

sukkahousut

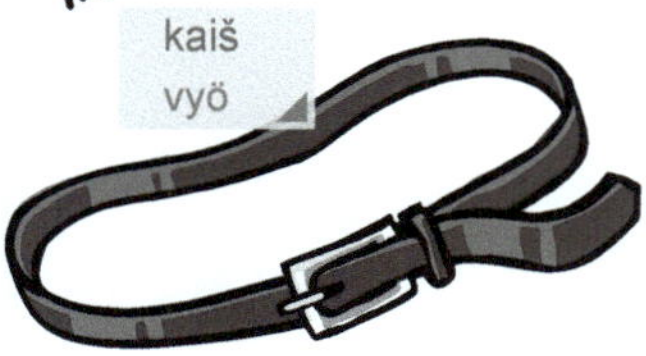

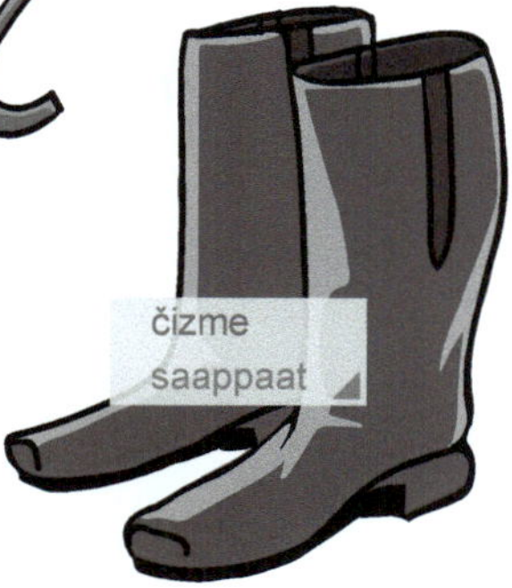

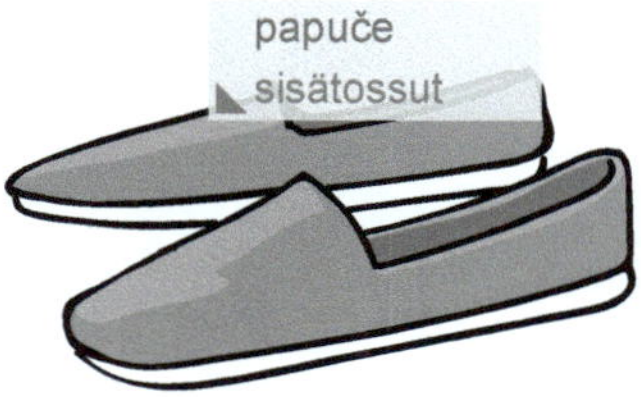

šal
kaulaliina

kišobran
sateenvarjo

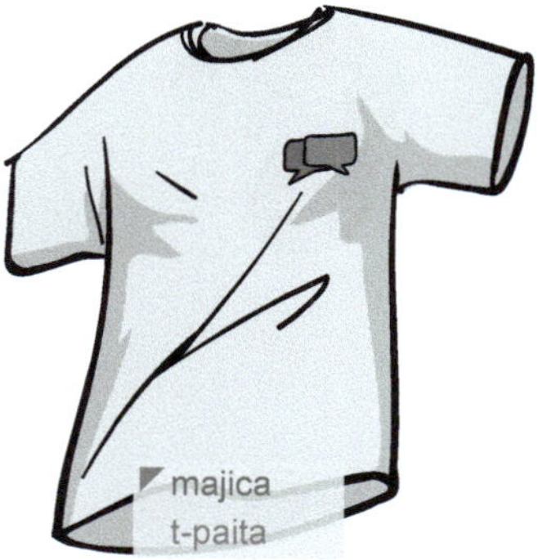

kaiš
vyö

majica
t-paita

čizme
saappaat

papuče
sisätossut

patike
lenkkarit

sandale

sandaalit

cipele

kengät

gumene čizme

kumisaappaat

gaćice

alushousut

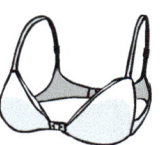

grudnjak

rintaliivit

potkošulja

aluspaita

bodi

body

pantalone

housut

farmerke

farkut

suknja

hame

bluza

pusero

košulja

paita

džemper

villapaita

džemper s kapuljačom

collegepaita

sako

jakku

jakna

takki

kaput

takki

kabanica

sadetakki

kostim

puku

haljina

mekko

venčanica

hääpuku

odelo

puku

spavaćica

yöpaita

pidžama

pyjama

sari

shari

marama za glavu

päähuivi

turban

turbaani

burka

burka

kaftan

kaftaani

abaja

abaya

kupaći kostim

uimapuku

kupaće gaćice

uimahousut

kratke pantalone

shortsit

odeća za trening

verkkarit

kecelja

esiliina

rukavice

käsineet

dugme

nappi

naočare

silmälasit

narukvica

rannekoru

ogrlica

kaulakoru

prsten

sormus

naušnica

korvakoru

kapa

lippalakki

vešalica

ripustin

šešir

hattu

kravata

solmio

patent zatvarač

vetoketju

kaciga

kypärä

naramenice

henkselit

školska uniforma

koulupuku

uniforma

univormu

podbradak

ruokalappu

duda

tutti

pelena

vaippa

kancelarija

toimisto

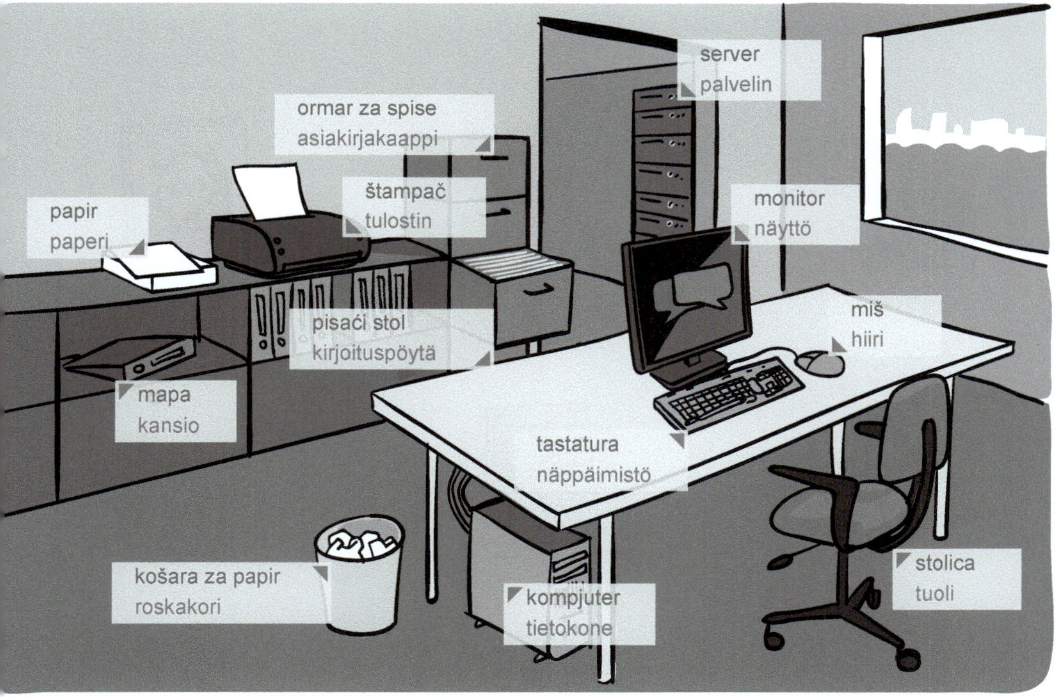

server
palvelin

ormar za spise
asiakirjakaappi

štampač
tulostin

papir
paperi

monitor
näyttö

pisaći stol
kirjoituspöytä

miš
hiiri

mapa
kansio

tastatura
näppäimistö

košara za papir
roskakori

stolica
tuoli

kompjuter
tietokone

šalica za kavu

kahvimuki

kalkulator

taskulaskin

internet

internet

laptop

kannettava tietokone

pismo

kirje

poruka

viesti

mobilni telefon

kännykkä

mreža

verkko

uređaj za kopiranje

kopiokone

softver

ohjelmisto

telefon

puhelin

utičnica

pistorasia

faks

faksi

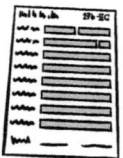

formular

lomake

dokument

asiakirja

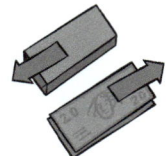

kupovati

ostaa

platiti

maksaa

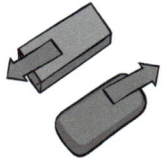

trgovati

vaihtaa

novac

raha

dolar

dollari

evro

euro

jen

jeni

rublja

rupla

švajcarski franak

frangi

renmindbi juan

renminbi juan

rupija

rupia

automat za novac

pankkiautomaatti

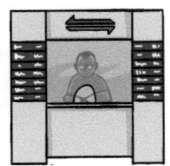

menjačnica

rahanvaihto

zlato

kulta

srebro

hopea

nafta

öljy

energija

energia

cena

hinta

ugovor

sopimus

porez

vero

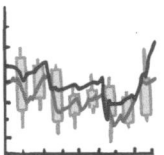

deonica

osake

raditi

työskennellä

službenik

työntekijä

poslodavac

työnantaja

fabrika

tehdas

prodavnica

liike

zanimanja
ammatit

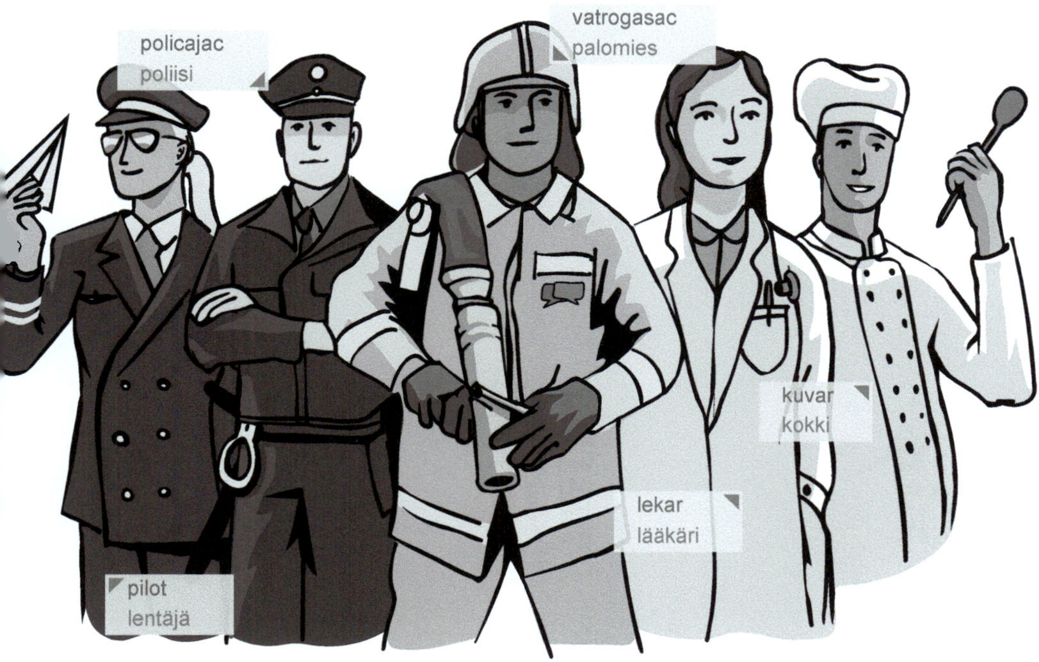

policajac
poliisi
vatrogasac
palomies
kuvar
kokki
lekar
lääkäri
pilot
lentäjä

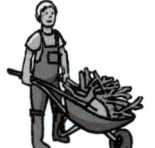

vrtlar

puutarhuri

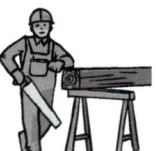

stolar

puuseppä

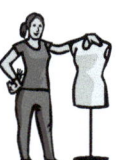

krojačica

ompelija

sudija

tuomari

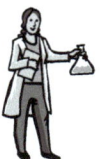

hemičar

kemisti

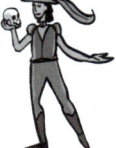

glumac

näyttelijä

vozač autobusa

linja-autonkuljettaja

vozač taksija

taksinkuljettaja

ribar

kalastaja

čistačica

siivooja

krovopokrivač

katontekijä

konobar

tarjoilija

lovac

metsästäjä

slikar

maalari

pekar

leipuri

električar

sähköasentaja

građevinski radnik

rakentaja

inženjer

insinööri

mesar

teurastaja

limar

putkiasentaja

poštar

postinjakaja

vojnik

sotilas

arhitekta

arkkitehti

blagajnik

kassanhoitaja

cvećar

floristi

frizer

kampaaja

kondukter

konduktööri

mehaničar

mekaanikko

kapetan

kapteeni

zubar

hammaslääkäri

naučnik

tiedemies

rabi

rabbi

imam

imaami

monah

munkki

svećenik

pappi

alati
työkalut

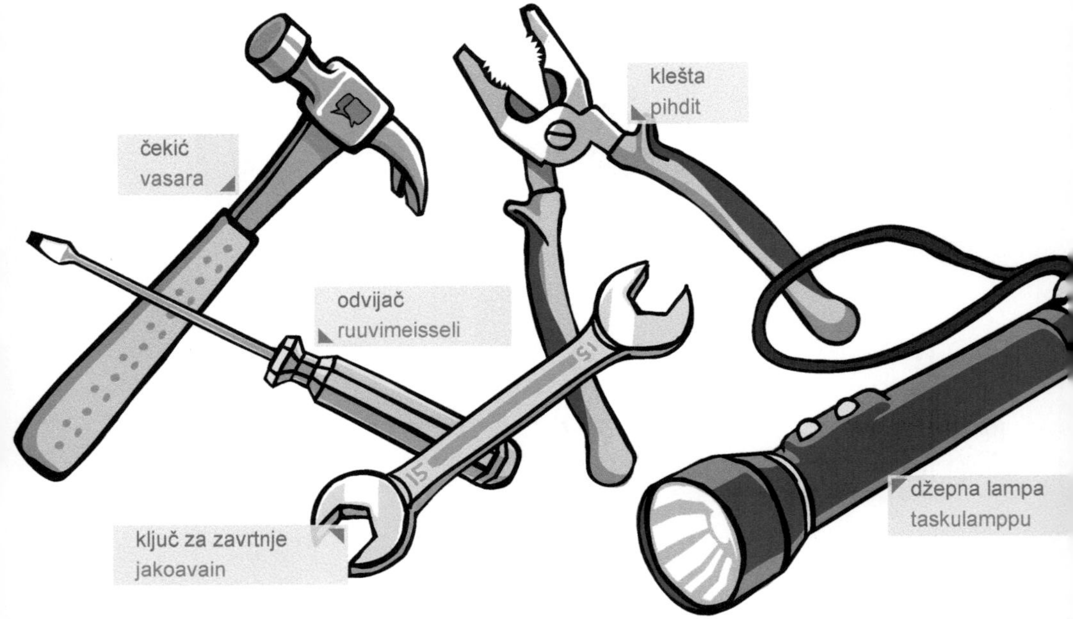
kliešta
pihdit
čekić
vasara
odvijač
ruuvimeisseli
džepna lampa
taskulamppu
ključ za zavrtnje
jakoavain

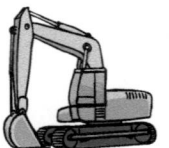

bager
kaivinkone

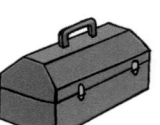

kutija za alat
työkalupakki

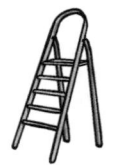

merdevine
tikkaat

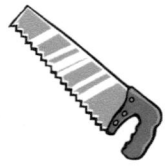

pila
saha

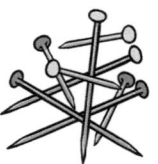

ekser
naulat

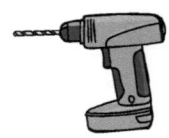

bušilica
pora

popraviti

korjata

lopata

lapio

do đavola!

Hitto!

lopatica

rikkalapio

lonac za boju

maalipurkki

zavrtanji

ruuvit

muzički instrument
soittimet

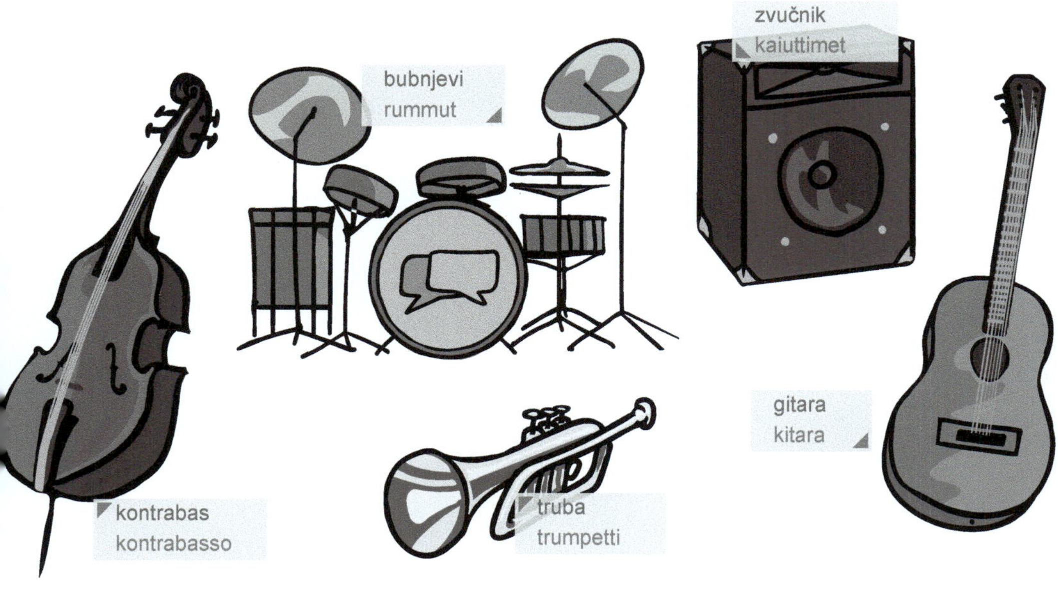

zvučnik
kaiuttimet

bubnjevi
rummut

kontrabas
kontrabasso

truba
trumpetti

gitara
kitara

klavir

piano

violina

viulu

bas

basso

timpani

patarummut

udaraljke za bubnjeve

rumpu

tipke klavira

kosketinsoitin

saksofon

saksofoni

flauta

huilu

mikrofon

mikrofoni

zoološki vrt
eläintarha

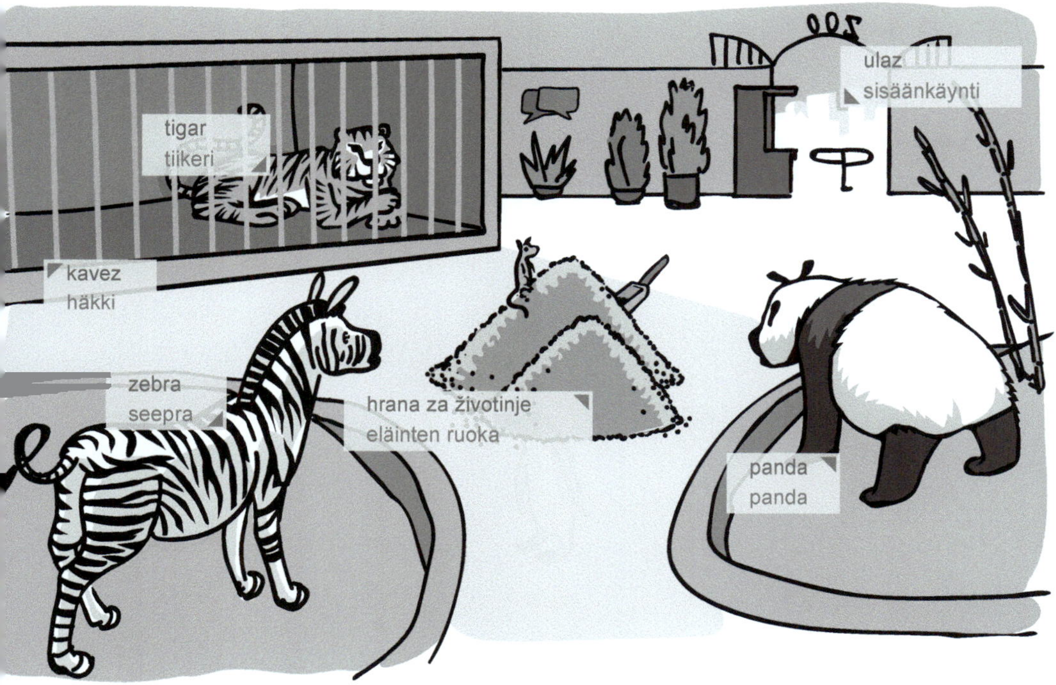

zoo
ulaz
sisäänkäynti
tigar
tiikeri
kavez
häkki
zebra
seepra
hrana za životinje
eläinten ruoka
panda
panda

životinje

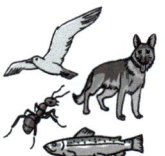

eläimet

slon

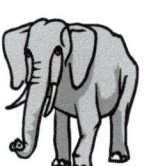

norsu

kengur

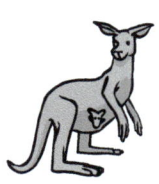

kenguru

nosorog

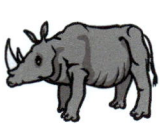

sarvikuono

gorila

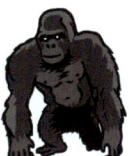

gorilla

medved

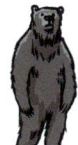

karhu

kamila

kameli

noj

strutsi

lav

leijona

majmun

apina

flamingo

flamingo

papagaj

papukaija

polarni medved

jääkarhu

pingvin

pingviini

ajkula

hai

paun

riikinkukko

zmija

käärme

krokodil

krokotiili

čuvar u zoološkom vrtu

eläintarhanhoitaja

tuljan

hylje

jaguar

jaguaari

poni
poni

leopard
leopardi

nilski konj
virtahepo

žirafa
kirahvi

orao
kotka

divlja svinja
villisika

riba
kala

kornjača
kilpikonna

morž
mursu

lisica
kettu

gazela
gaselli

američki nogomet
amerikkalainen jalkapallo

biciklizam
pyöräily

tenis
tennis

košarka
koripallo

plivanje
uinti

boks
nyrkkeily

hokej na ledu
jääkiekko

fudbal	badminton	atletika
jalkapallo	sulkapallo	yleisurheilu
rukomet	skijanje	polo
käsipallo	hiihto	poolo

aktivnosti
aktiviteetit

skočiti
hypätä
zagrliti
halata
smejati se
nauraa
ići
kävellä
pevati
laulaa
sanjati
unelmoida
moliti se
rukoilla
poljubiti
suudella

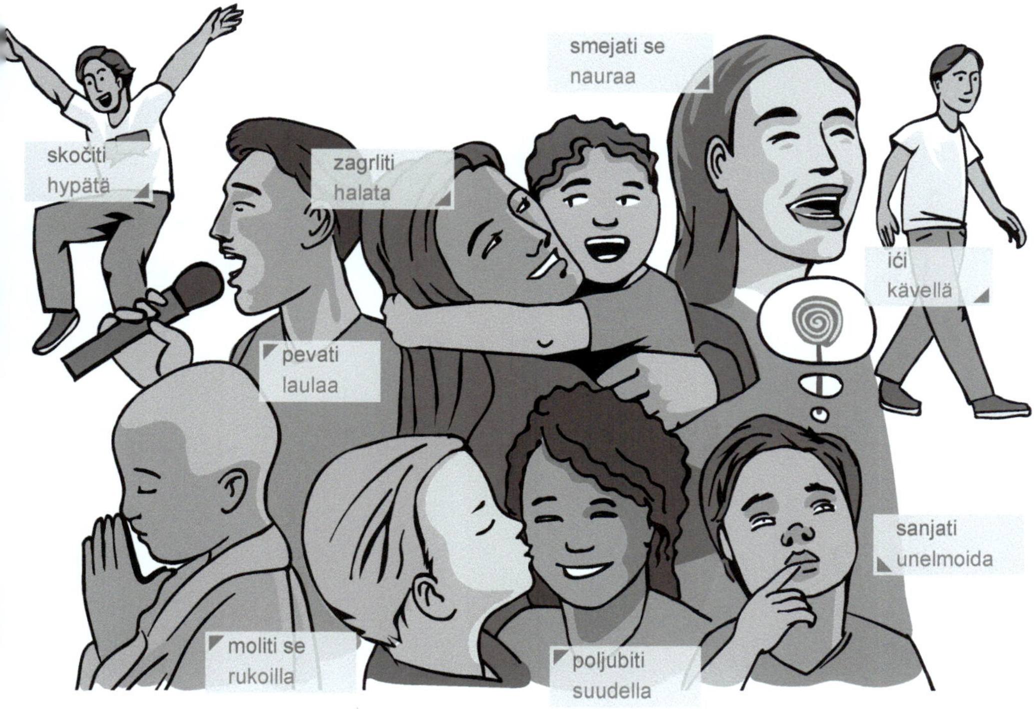

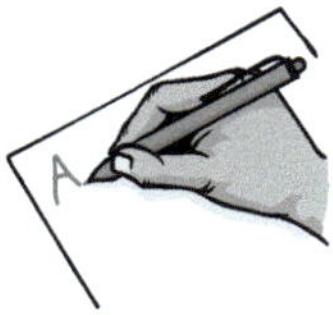

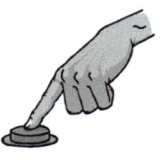

pisati

kirjoittaa

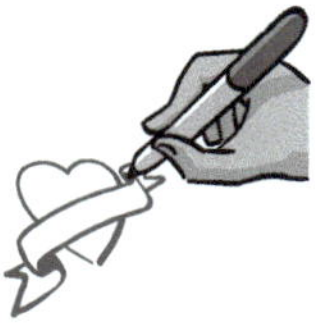

crtati

piirtää

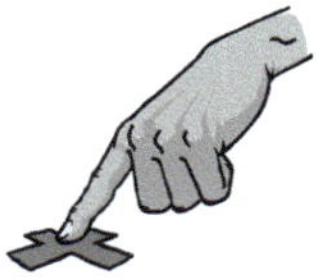

pokazati

näyttää

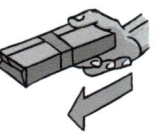

gurati

painaa

dati

antaa

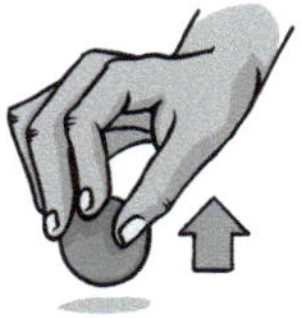

uzeti

ottaa

imati
omistaa

činiti
tehdä

biti
olla

stojati
seisoa

trčati
juosta

povlačiti
vetää

baciti
heittää

padati
kaatua

ležati
maata

čekati
odottaa

nositi
kantaa

sediti
istua

oblačiti
pukeutua

spavati
nukkua

probuditi se
herätä

gledati
katsoa

plakati
itkeä

milovati
silittää

češljati
kammata

govoriti
puhua

razumeti
ymmärtää

pitati
kysyä

slušati
kuunnella

piti
juoda

jesti
syödä

pospremiti
siivota

voleti
rakastaa

kuhati
keittää

voziti
ajaa

leteti
lentää

ploviti

purjehtia

računati

laskea

čitati

lukea

učiti

oppia

raditi

työskennellä

venčati se

mennä naimisiin

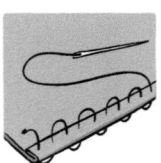

šiti

ommella

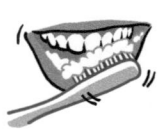

prati zube

pestä hampaat

ubiti

tappaa

pušiti

tupakoida

poslati

lähettää

porodica
perhe

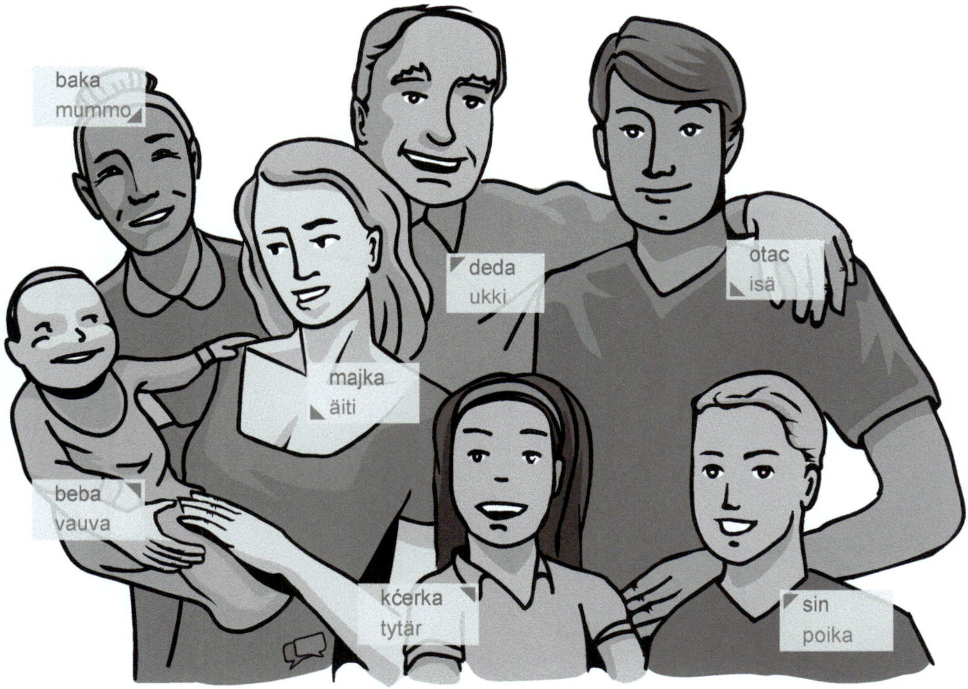
baka
mummo
deda
ukki
otac
isä
majka
äiti
beba
vauva
kćerka
tytär
sin
poika

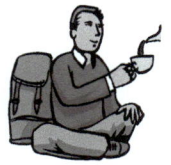

gost

vieras

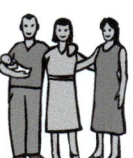

tetka

täti

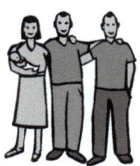

ujak, stric

setä

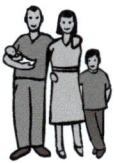

brat

veli

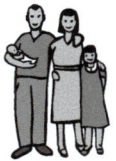

sestra

sisko

telo

vartalo

čelo
otsa
oko
silmä
rame
olkapää
prst
sormet
lice
kasvot
brada
leuka
ruka
käsi
noga
jalka
grudi
rinta
ruka
käsivarsi

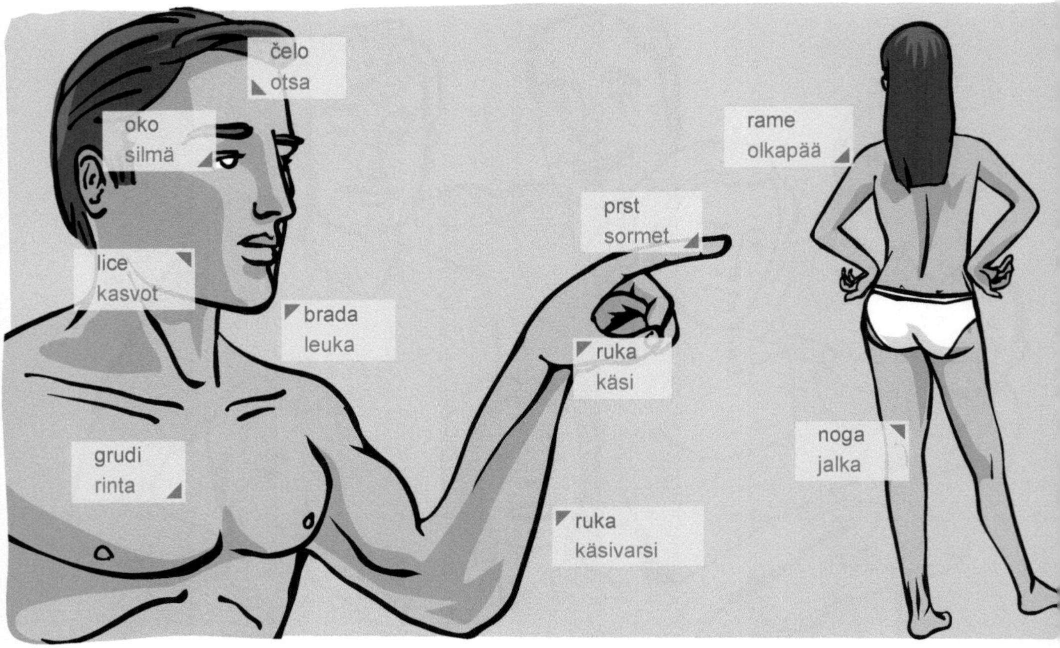

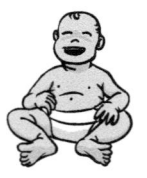

beba

vauva

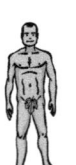

muškarac

mies

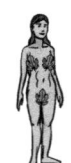

žena

nainen

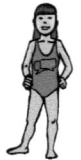

devojčica

tyttö

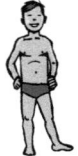

dečak

poika

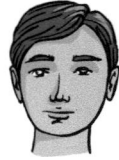

glava

pää

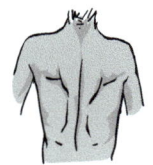

leđa

selkä

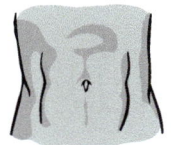

stomak

maha

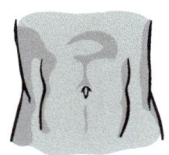

pupak

napa

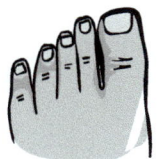

nožni prst

varvas

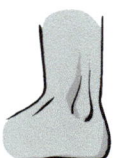

peta

kantapää

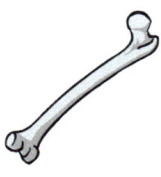

kost

luu

kukovi

lantio

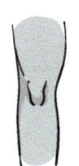

koleno

polvi

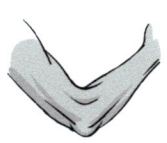

lakat

kyynärpää

nos

nenä

zadnjica

takapuoli

koža

iho

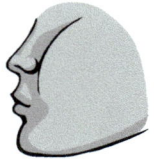

obraz

poski

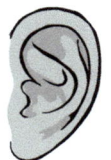

uvo

korva

usna

huuli

usta

suu

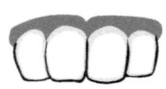

zub

hammas

jezik

kieli

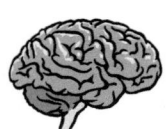

mozak

aivot

srce

sydän

mišić

lihas

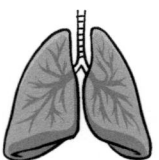

pluća

keuhkot

jetra

maksa

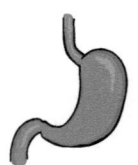

želudac

vatsa

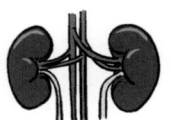

bubrezi

munuaiset

polni odnos

seksi

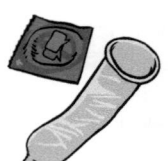

kondom

kondomi

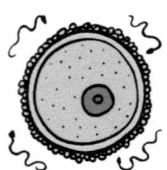

jajna ćelija

munasolu

sperma

sperma

trudnoća

raskaus

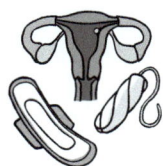

menstruacija

kuukautiset

vagina

vagina

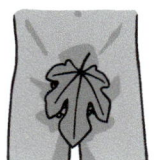

penis

penis

obrva

kulmakarvat

kosa

hiukset

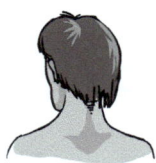

vrat

niska

bolnica
sairaala

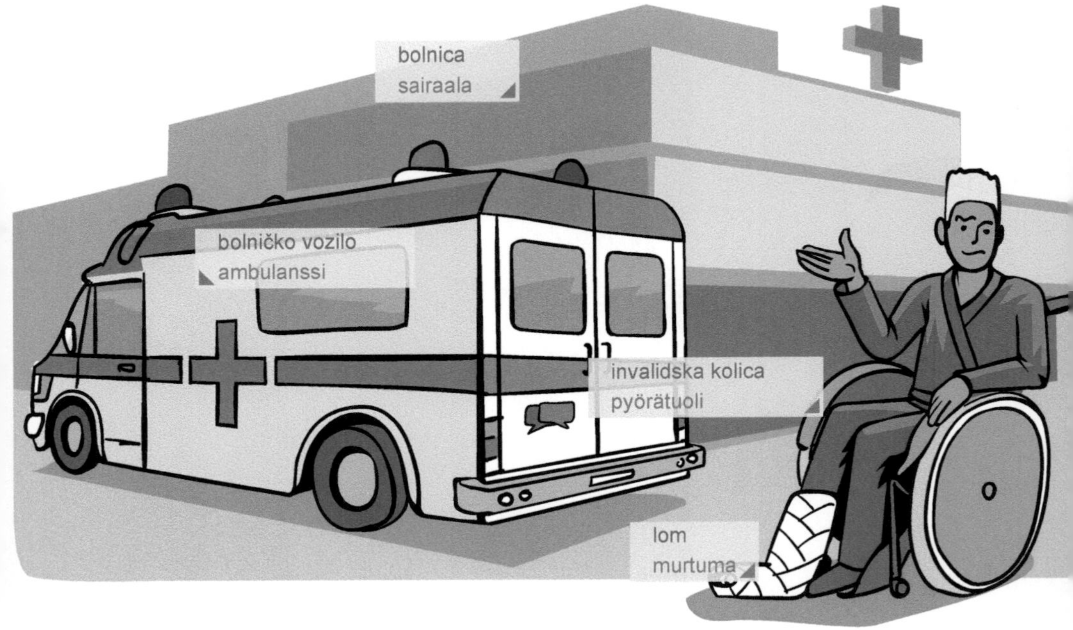

bolnica
sairaala
bolničko vozilo
ambulanssi
invalidska kolica
pyörätuoli
lom
murtuma

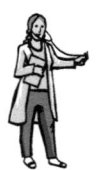

lekar

lääkäri

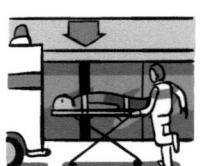

hitna medicinska služba

ensiapu

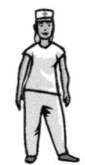

medicinska sestra

sairaanhoitaja

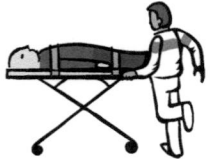

hitni slučaj

hätätilanne

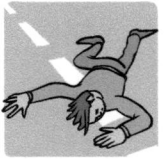

nesvest

tajuton

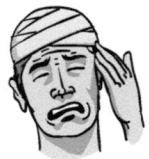

bol

kipu

povreda

vamma

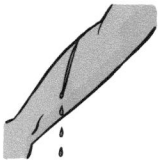

krvarenje

verenvuoto

srčani udar

sydänkohtaus

udar

aivoinfarkti

alergija

allergia

kašalj

yskä

groznica

kuume

gripa

flunssa

proliv

ripuli

glavobolja

päänsärky

rak

syöpä

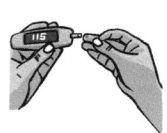

dijabetes

diabetes

hirurg

kirurgi

skalpel

veitsi

operacija

leikkaus

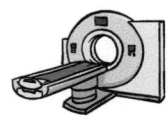

ct

ct

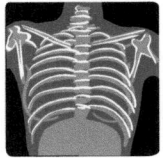

rentgen

röntgen

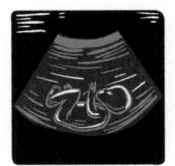

ultrazvuk

ultraääni

maska

maski

bolest

sairaus

čekaona

odotushuone

štaka

sauva

flaster

laastari

zavoj

side

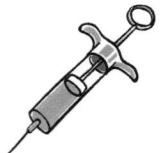

injekcija

pistos

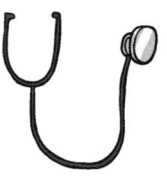

stetoskop

stetoskooppi

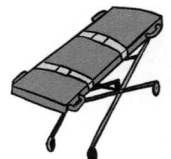

nosila

paarit

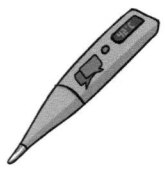

termometar

kuumemittari

rođenje

syntymä

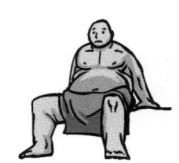

prekomerna težina

ylipaino

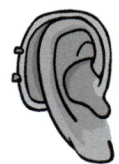

slušni aparat

kuulolaite

sredstvo za dezinfekciju

desinfiointiaine

infekcija

infektio

virus

virus

HIV / AIDS

HIV / AIDS

medicina

lääke

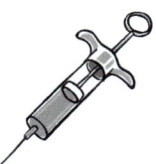

vakcinacija

rokotus

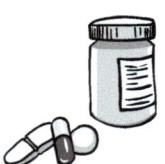

tablete

tabletit

pilula

pilleri

hitni poziv

hätäpuhelu

uređaj za merenje pritiska

verenpainemittari

bolesno / zdravo

sairas / terve

alarm

hälytys

nasrtaj

ryöstö

pomoć!

Apua!

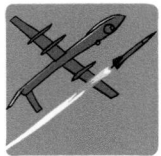

napad

hyökkäys

opasnost

vaara

izlaz u slučaju nužde

hätäuloskäynti

protivpožarni aparat

palosammutin

nezgoda

onnettomuus

požar!

Tulipalo!

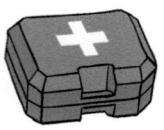

kutija prve pomoći

ensiapulaukku

sos

SOS

policija

poliisilaitos

Evropa

Eurooppa

Severna Amerika

Pohjois-Amerikka

Južna Amerika

Etelä-Amerikka

Afrika

Afrikka

Azija

Aasia

Australija

Australia

Atlantik

Atlantin valtameri

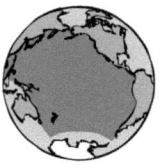

Pacifik

Tyynimeri

Indijski okean

Intian valtameri

Antarktički okean

Eteläinen jäämeri

Arktički ocean

Pohjoinen jäämeri

Severni pol

pohjoisnapa

Južni pol
etelänapa

Antarktik
Antarktis

zemlja
maa

zemlja
maa

more
meri

otok
saari

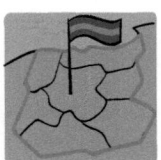

nacija
kansa

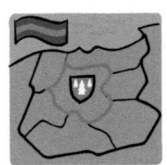

država
osavaltio

brojčanik sata

kellotaulu

satna kazaljka

tuntiviisari

minutna kazaljka

minuuttiviisari

sekundna kazaljka

sekuntiviisari

Koliko je sati?

Paljonko kello on?

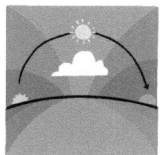

dan

päivä

vreme

aika

sada

nyt

digitalni sat

digitaalikello

minuta

minuutti

čas

tunti

sedmica
viikko

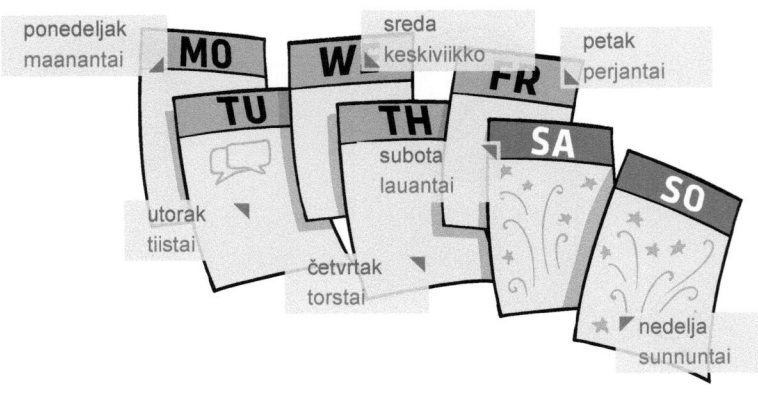

ponedeljak
maanantai

MO

TU

utorak
tiistai

W

TH

sreda
keskiviikko

četvrtak
torstai

subota
lauantai

FR

petak
perjantai

SA

SO

nedelja
sunnuntai

juče
....
eilen

danas
....
tänään

sutra
....
huomenna

jutro
....
aamu

podne
....
keskipäivä

veče
....
ilta

MO	TU	WE	TH	FR	SA	SU
1	2	3	4	5	6	7
8	9	10	11	12	13	14
15	16	17	18	19	20	21
22	23	24	25	26	27	28
29	30	31	1	2	3	4

radni dani
....
työpäivät

MO	TU	WE	TH	FR	SA	SU
1	2	3	4	5	6	7
8	9	10	11	12	13	14
15	16	17	18	19	20	21
22	23	24	25	26	27	28
29	30	31	1	2	3	4

vikend
....
viikonloppu

godina
vuosi

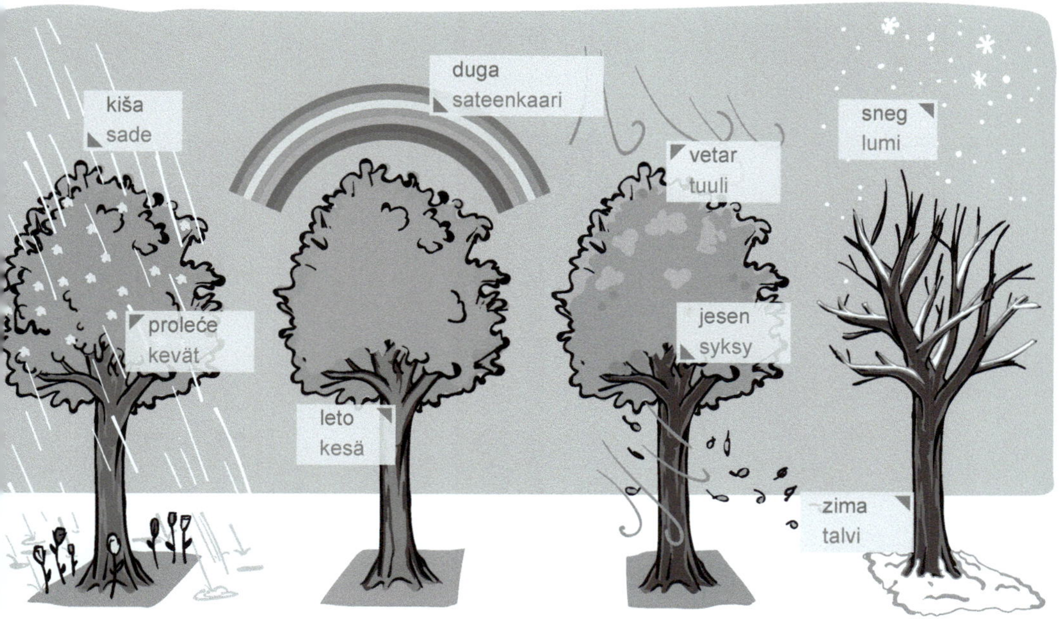

kiša
sade
duga
sateenkaari
vetar
tuuli
sneg
lumi
proleće
kevät
leto
kesä
jesen
syksy
zima
talvi

4.APRIL 11°
5.APRIL 4°
6.APRIL 13°
7.APRIL 8°
8.APRIL 10°

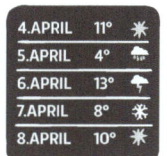

meteorološka prognoza

säänennuste

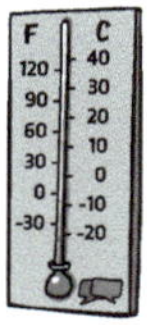

F C
120 40
90 30
60 20
30 10
0 0
-30 -10
-20

termometar

lämpömittari

sunčana svetlost

auringonpaiste

oblak

pilvi

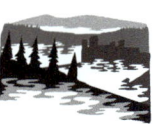

magla

sumu

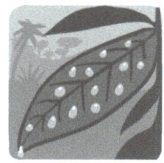

vlažnost vazduha

ilmankosteus

munja

salama

grmljavina

ukkonen

oluja

myrsky

tuča

rae

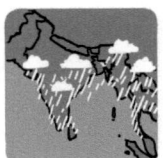

monsun

monsuuni

poplava

tulva

led

jää

januar

tammikuu

februar

helmikuu

mart

maaliskuu

april

huhtikuu

maj

toukokuu

juni

kesäkuu

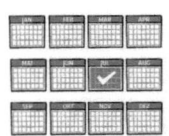

juli

heinäkuu

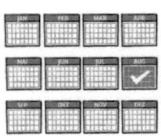

avgust

elokuu

septembar
....
syyskuu

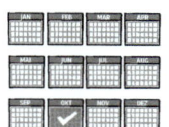

oktobar
....
lokakuu

novembar
....
marraskuu

decembar
....
joulukuu

oblici

muodot

krug
....
ympyrä

kvadrat
....
neliö

pravougao
....
suorakulmio

trougao
....
kolmio

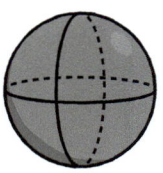

kugla
....
pallo

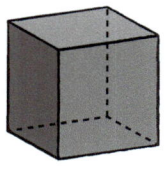

kocka
....
kuutio

bela

valkoinen

žuta

keltainen

narandžasta

oranssi

ružičasta

vaaleanpunainen

crvena

punainen

ljubičasta

violetti

plava

sininen

zelena

vihreä

smeđa

ruskea

siva

harmaa

crna

musta

mnogo / malo

paljon / vähän

ljutito / mirno

vihainen / ystävällinen

lepo / ružno

kaunis / ruma

početak / kraj

alku / loppu

veliko / maleno

suuri / pieni

svetlo / tamno

vaalea / tumma

brat / sestra

veli / sisko

čisto / prljavo

puhdas / likainen

potpuno / nepotpuno

täydellinen / epätäydellinen

dan / noć

päivä / yö

mrtvo / živo

kuollut / elävä

široko / usko

leveä / kapea

jestivo / nejestivo

syötävä / syömäkelvoton

zlo / dobro

paha / kiltti

uzbuđeno / dosadno

innostunut / tylsistynyt

debelo / mršavo

lihava / laiha

na početku / na kraju

ensimmäinen / viimeinen

prijatelj / neprijatelj

ystävä / vihollinen

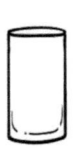

puno / prazno

täysi / tyhjä

tvrdo / mekano

kova / pehmeä

teško / lagano

painava / kevyt

glad / žeđ

nälkä / jano

bolesno / zdravo

sairas / terve

ilegalno / legalno

laiton / laillinen

pametno / glupo

älykäs / tyhmä

levo / desno

vasen / oikea

blizu / daleko

lähellä / kaukana

novo / polovno

uusi / käytetty

ništa / nešto

ei mitään / jotain

staro / mlado

vanha / nuori

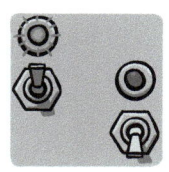

uključeno / isključeno

päällä / pois päältä

otvoreno / zatvoreno

auki / kiinni

tiho / glasno

hiljainen / äänekäs

bogato / siromašno

rikas / köyhä

tačno / pogrešno

oikein / väärin

hrapavo / glatko

karhea / sileä

tužno / sretno

surullinen / iloinen

kratko / dugo

lyhyt / pitkä

polako / brzo

hidas / nopea

mokro / suho

märkä / kuiva

toplo / hladno

lämmin / viileä

rat / mir

sota / rauha

0

nula

nolla

1

jedan

yksi

2

dva

kaksi

3

tri

kolme

4

četiri

neljä

5

pet

viisi

6

šest

kuusi

7

sedam

seitsemän

8

osam

kahdeksan

9

devet

yhdeksän

10

deset

kymmenen

11

jedanaest

yksitoista

12

dvanaest

kaksitoista

13

trinaest

kolmetoista

14

četrnaest

neljätoista

15

petnaest

viisitoista

16

šestnaest

kuusitoista

17

sedamnaest

seitsemäntoista

18

osamnaest

kahdeksantoista

19

devetnaest

yhdeksäntoista

20

dvadeset

kaksikymmentä

100

stotinu

sata

1.000

hiljadu

tuhat

1.000.000

milion

miljoona

engleski

englanti

američki engleski

amerikanenglanti

mandarinski kineski

mandariinikiina

hindski

hindi

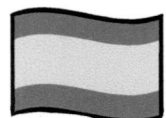

španski

espanja

francuski

ranska

arapski

arabia

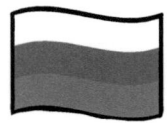

ruski

venäjä

portugalski

portugali

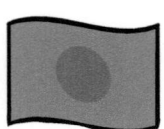

bengalski

bengali

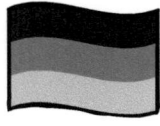

nemački

saksa

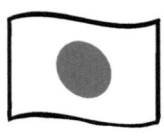

japanski

japani

ja
minä

ti
sinä

on / ona / ono
hän

mi
me

vi
te

oni
he

Ko?
kuka?

Šta?
mitä / mikä?

Kako?
miten?

Gde?
missä?

Kada?
milloin?

ime
nimi

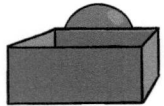

iza

takana

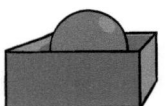

u

sisällä

ispred

edessä

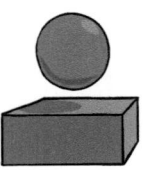

preko

yläpuolella

na

päällä

ispod

alapuolella

pored

vieressä

između

välissä

mesto

paikka